DAS EXZENTRISCHE DETEKTIVBÜRO

AUTOR: KAFKA ASAGIRI   ZEICHNER: SANGO HARUKAWA

INHALT

* VERMUTLICH EINE ANSPIELUNG AUF DIE ROMANSERIE „UCHOTEN KAZOKU" (»DIE EXZENTRISCHE FAMILIE«) VON TOMIHIKO MORIMI (* 1979),
AUF ENGLISCH ERSCHIENEN ALS „THE ECCENTRIC FAMILY"
** ANSPIELUNG AUF „SHOJO NI WA MUKANAI SHOKUGYO" (BERUFE, DIE NICHTS FÜR FRAUEN SIND), EIN ROMAN DER JAPANISCHEN AUTORIN
KAZUKI SAKURABA (* 1971)
*** ZITAT AUS DEM LETZTEN SATZ VON „THE GREAT GATSBY" VON F. SCOTT FITZGERALD

... WIE IST DAS DENN HIER PAS- SIERT?

ALSO ...

DAMPF

GUCK MICH NICHT SO AN, ATSUSHI. ICH HAB VERSUCHT, SIE AUF- ZUHALTEN.

KUNIKIDA ...

STARR

NEIN.

NICHT DAS.

AAACH

WEISST DU, IHR STEHT HALT EINFACH ALLES!

SWUPP

...

ACH

KEINE SORGE!

KATSCHACK

NA JA, AUCH WENN ES EUCH NICHTS AUS- MACHT...

... KÖNNTE ES JEMANDEN WIE RANPO STÖREN. DER BEHARRT DOCH IMMER SO AUF RECHT UND ORDNUNG...

MEINST DU, DAS IST EIN PRO- BLEM?

IST DAS DENN OKAY?

SIE IST SCHLIESS- LICH IMMER NOCH EINE MÖRDERIN.

BIN WIEDER DAHAAA!

BAMM

PROBIER'S MAL!

DAS IST DIESE SÜSSIGKEIT, VON DER ICH VORHIN ERZÄHLT HABE! WENN MAN SIE KNETET, ÄNDERT SIE IHRE FARBE!

RANPO FREUT SICH VON UNS ALLEN AM MEISTEN.

ABER NUR KNETEN! ESSEN TU ICH'S!

HIHI

AH.

ZWEIFEL

ABER WARUM IST SIE ÜBERHAUPT HIER IM DETEKTIV-BÜRO?

DIE BEIDEN HABEN SICH ALSO ANGEFREUNDET...

KNABBER

WIE STEHT'S UM DIE POLIZEI?

CHEF.

DAS IST DAS MÄDCHEN, VON DEM GESTERN BERICHTET WURDE...

WEIL ICH SIE HERBESTELLT HABE.

SIE HAT BEGONNEN, SICH IN VERSCHIEDENE EINHEITEN AUFZUTEILEN.

TSCHACK

DIE MAFIA HAT KYOKAS IDENTITÄT GUT VERSCHLEIERT, BISHER IST SIE NOCH NICHT AUFGEFLOGEN.

SCHRECK

WÜSSTE MAN, WO SIE WOHNT, WÜRDE DIE SACHE ANDERS AUSSEHEN.

ABER ES IST NUR EINE FRAGE DER ZEIT, BIS SIE STECKBRIEFLICH GESUCHT WIRD.

7

ICH TUE ALLES DAFÜR.

HÄ?!

WOPP

DARF ICH BITTE HIERBLEIBEN?

VERGISS ES.

... SO EINFACH ...

ABER ...

ABER VERGISS ES EINFACH.

ES GEHT NICHT DARUM, DASS DU VORHER BEI DER MAFIA WARST ODER WIR HIER KEINE ARBEIT FÜR DICH HÄTTEN.

DIESE WELT IST KEIN ZUCKERSCHLECKEN.

ABER ...

EIN VERSTECK WEITER WEG WÄRE SICHERER.

DIE MAFIA WIRD DICH HIER VERMUTEN UND NACH DIR SUCHEN.

ER HAT RECHT.

HM?

STIMMT, DA WAR WAS...

ICH KANN NUR TÖTEN. SONST BIN ICH VÖLLIG NUTZLOS.

DAS HAT ER GESAGT.

...

ICH MÖCHTE MIR SELBST BEWEISEN, DASS DAS NICHT STIMMT.

ICH BITTE DICH EBEN-FALLS VON GANZEM HERZEN.

VERBEUG

STARR

STARR

FLÜSTER

BITTE...

SST

...

DAS WAR JA NICHTS IM VERGLEICH ZU MEINER EINSTELLUNG...

ATSUSHI. KÜMMERE DICH BITTE UM SIE!

SO EINEN GESICHTS-AUSDRUCK HAB ICH BEIM CHEF NOCH NIE GESEHEN...

KLOPF KLOPF

WAMM

HÄ?!

EINGE-STELLT.

HM?

AH, FANTAS-TISCH!

WIR BRINGEN DIE ANGE-FRAGTEN DOKU-MENTE.

GUTEN TAG!

WAMM

WIR HABEN EINEN AUF-TRAG.

ABER JETZT GEHT ES UM EINEN ANDEREN FALL!

UFF.

WENN DAS NICHT HERR MINOURA IST, DER SEINEN EIGENEN KOLLEGEN FESTGE-NOMMEN HAT!

SCHRECK

NICHT GERADE SENSIBEL

STARR

WIR FAHN-
DEN NACH
JEMANDEM, DER
DIR ZIEMLICH
ÄHNLICH SIEHT.
EIN EHEMALIGES
WAISENKIND,
DAS ZU EINER
ABGEBRÜHTEN
KILLERIN GE-
WORDEN IST.

ECHT
ÜBEL...

KLACK

KLACK

OH SHIT!

HEY,
JUNGE
DAME...
ARBEI-
TEST DU
HIER?

HALLO?

ÄHM,
ALSO,
WEGEN
DIESES
MÄD-
CHENS.

HAST
DU IR-
GENDEIN
DOKU-
MENT
BEI DIR,
MIT DEM
DU DICH
AUS-
WEISEN
KANNST?

...

WO
SIND
DEINE
EL-
TERN?

IDIOT
!

NA DER
HAUT JA
RAUS...

ALLES FING
DAMIT AN, DASS
ICH IM AUFTRAG
DER REGIERUNG
NACH TSUCHINOKO*
GESUCHT HABE. ICH
WAR GERADE DABEI,
IN EINEM KORNFELD
EINEN KOSAKENTANZ
AUFZUFÜHREN...

DAS IST
ECHT 'NE
LANGE GE-
SCHICHTE.

FASEL

* JAPANISCHES FABELWESEN, DAS AUSSIEHT WIE EINE DICKE, KURZE SCHLANGE

12

SIE IST MEINE ENKELIN.

SCHWUPP

ABER...

EXAKT.

BADOMM.

ぽかん

ENKE-LIN?

WIE AUS DEM GESICHT GESCHNITTEN!

MEIN FEHLER, ENT-SCHUL-DIGEN SIE.

PUUH.

...

...

WIE IST DAS DA, WO DU HER- KOMMST? IST DER POLIZEI DA LANG- WEILIG?

BEI UNS AUF DEM DORF KENNT JEDER JEDEN.

IN EINER GROSSSTADT HAT DIE POLIZEI WIRKLICH ALLE HÄNDE VOLL ZU TUN.

VERBEUG

UNFASS- BAR...

UND WAS IST, WENN JEMAND EIN VER- BRECHEN BEGEHT?

UND DIE WICHTIGSTE AUFGABE IST DIE JÄHRLICHE WASSER- MELONEN- PROBE!

DIE DORFPOLI- ZEI KÜMMERT SICH UM SO DINGE, WIE DIE BRUNNENPUMPE ZU REPARIEREN ODER KATZEN AUS SCHORN- STEINEN ZU BEFREIEN.

DANN WIRD DER VERBRE- CHER GEFES- SELT UND DIE KLIPPE RUNTER- GEWOR- FEN.

14

ÄHM, KENJI, SIE...

DU KANNST MICH DUZEN.

DER CHEF HAT MICH ENTDECKT UND HIERHERGEBRACHT.

BIS VOR ZWEI MONATEN HABE ICH NOCH IN EINEM DORF NAMENS IHATOVO* KÜHE GEHÜTET. DORT GIBT ES WEDER STROM NOCH TELEFON.

SYSTEME? WAS MEINST DU?

DIE GROSSSTADT HAT SO VIELE NEUE SYSTEME, DAS IST TOTAL SPANNEND FÜR MICH.

KRASS!

KENJI.

WAS HABEN UNS DIE POLIZISTEN DENN DA GEBRACHT?

MIT TAUSCHGESCHÄFTEN KOMMT MAN HIER NICHT WEIT...

ZUM BEISPIEL... DIESES GELD. DAS HAB ICH IMMER NOCH NICHT GANZ DURCHSCHAUT.

KAROTTE

BAMBUS

FISCH

MILCH

15

* FIKTIVE GEGEND, DIE OFT IN KENJI MIYAZAWAS WERKEN VORKOMMT, BASIEREND AUF SEINER HEIMAT IWATE. DER NAME IST ANGELEHNT AN DIE KUNSTSPRACHE ESPERANTO, DIE MIYAZAWA SPRACH.

DIE POLIZEI STEHT VOR EINEM VÖLLIGEN RÄTSEL.

RASCHEL

EIN AUTO IST WÄHREND DER FAHRT AUF MYSTERIÖSE WEISE EXPLODIERT.

ARBEIT!

SST

>:-!

ATSUSHI.

WILLST DU'S MAL VERSUCHEN?

!

SCHWUPP

DAS KRIEGST DU HIN!

SCHNAPP DIR EIN PAAR KOLLEGEN UND MACHT EUCH ANS WERK.

IRGEND-WANN MUSS AUCH MAL DER FRISCH-LING RAN.

TSCHACK

JA-WOHL!

DODOOMM

DAS PACK ICH NICHT ...

DAS AUTO IST AUS DER FAHRT HERAUS PLÖTZLICH BIS HIERHIN GEFLOGEN!

RAUN
PLAPPER

ÜRKS!

GRUSEL

SMILE

NA JA...

WENN DENN ZÄHNE ODER FINGER-ABDRÜCKE ÜBRIGGE-BLIEBEN WÄREN.

DER FAHRER WAR SOFORT TOT. SEINE IDENTITÄT KONNTE NICHT ERMITTELT WERDEN.

NICHT?

ABER MAN MUSS DOCH MIT HILFE DER FINGERAB-DRÜCKE ODER ZÄHNE DIE IDENTITÄT FESTSTELLEN KÖNNEN?

... EIN PAAR INFORMATIONEN BESCHAFFEN.

... ABER WIR MÜSSEN UNS ERST MAL...

NA GUT.

RANPO WÜSSTE WAHRSCHEINLICH SOFORT BESCHEID ...

DAS HAT BESTIMMT WAS MIT DEM BODEN ZU TUN. ICH GUCK'S MIR MORGEN AN.

HEY, JUNGE! MEINE GEMÜSEBEETE STEHEN IMMER VOLL IM WASSER.

HALLO, FRÄULEIN MAEDA. DAFÜR NICHT! DAS WAR NOCH EIN REST AUS DER HEIMAT.

NA, WENN DAS NICHT KENJI IST. VIELEN DANK NOCH MAL FÜR DAS WILDSCHWEINFLEISCH LETZTENS!

BEI UNS IM DORF WÜRDE MAN SIE SO NENNEN, WIESO?

UND SAG MAL, HAST DU ZU DER FRAU DA GERADE "FRÄULEIN" GESAGT?

ABER HIER IN DER GEGEND SIND ALLE VOLL NETT.

UND DAS, OBWOHL ICH ERST SOLCHE ANGST HATTE VOR DEN STADTMENSCHEN...

DU BIST JA ECHT BELIEBT.

WISSEN SIE WAS DARÜBER?

ES GEHT UM DAS EXPLODIERTE AUTO DA DRÜBEN.

JA.

AM ARBEITEN, WAS?

EY, KENJI.

DODOMM

WEISS NICHT, OB DIE SPRUCHREIF SIND...

BISHER HABEN SIE UNS IMMER GUT GEHOLFEN.

SMILE

ACH DAS DING... GERÜCHTE GIBT'S IMMER, NE.

... BEVOR DAS PASSIERT IST, HÄTTE 'NE BANDE AUS DER GEGEND BEI DER FABRIK EINEN GANZEN BATZEN DÜNGEMITTEL GEKAUFT.

NA JA, DIE JUNGS HABEN ERZÄHLT ...

IN DER GEGEND BEI DER FABRIK...

... IST DER TREFFPUNKT EINER SOLIDARISCHEN JUGENDGRUPPE.

... EINE GANG?

UH.

JUGENDGRUPPE?

OB DIE DIE BOMBE GEBAUT UND DAS AUTO IN DIE LUFT GEJAGT HABEN?

ÄH, JA, ODER WIE WÜRDEN DIE GROSSSTÄDTER SAGEN...

HM?

STAUN

DAS IST VIEL ZU GEFÄHRLICH! SELBST WENN SIE DIE TÄTER WÄREN, WÜRDEN SIE DAS NIE ZUGEBEN.

FRAGEN WIR SIE DOCH EINFACH MAL!

WAS?! JETZT SOFORT?!

SCHRECK

SO
...

SO
EIN-
FACH
IST
DAS!

TADAA

WENN
WIR SIE
OFFEN UND
EHRLICH
FRAGEN,
WERDEN
SIE UNS
SICHERLICH
ANTWOR-
TEN.

SO
EINFACH
IST
DAS.

WAS?! MIT KENJI?!

WAR AUF DEM EIER-SCHNÄPP-CHENMARKT

KENJI IST DOCH ECHT GUT UND HAT SCHON UNZÄHLIGE FÄLLE GELÖST.

JA, SIND ZU-SAMMEN LOS ZUM TATORT.

SCHWITZ

IST DAS EIN PRO-BLEM?

DAS IST EIN RIESEN-PRO-BLEM!

DAS KANN ÜBEL AUSGE-HEN...

KENJIS HERANGE-HENSWEISE IST VIEL ZU SPEZIELL! DARAN SOLLTE SICH NIEMAND ORIENTIE-REN!

UND GERADE UNSER NAIVER LUFTIKUS ATSUSHI WIRD KENJI OHNE WIDERWORTE FOLGEN.

HÄÄÄH?

DODOMM

NEIN, NEIN.

WIR SIND NUR EINFACHE DETEKTIVE.

TOCK

TOCK

DU BIST JA WITZIG. SEID IHR BULLEN, ODER WAS?

HABT IHR VIELLEICHT EINE BOMBE GEBAUT UND EIN AUTO DAMIT IN DIE LUFT GEJAGT?

WAS SOLL DAS ALLES?

HAST DU DIE DABEI, FALLS DU MAL EINE KUH HÜTEN MUSST?

NIMM DEINE GRABBEL WEG!

BWAAH

JARA

RASSEL

OHH. DAS IST JA EINE TOLLE KETTE.

HAHAHA ...

LACH LACH

KEEEINE AHNUNG, WOVON DU REDEST.

... WAS MIT DER SACHE ZU TUN HABT.

ÄH, ICH... WOLLTE NUR WISSEN, OB IHR ...

HÄ ?!

VIELEN DANK FÜR EURE HILFE!

ACH SO! DANN TUT ES MIR LEID, GEFRAGT ZU HABEN.

DIE BOMBE WAR VIELLEICHT EIN ANGRIFF AUF EINE ANDERE GANG ODER...

BWAAH

DAS WAR DOCH HUNDERTPROZENT GELOGEN! DIE TYPEN WAREN'S GANZ SICHER!

ACH JA, WUNDERBAR.

HEY, WARTE MAL!

ALSO, WIR GEHEN DANN MAL.

STRATZ

STRATZ

EGAL OB KÜHE ODER MENSCHEN, OB DORF ODER GROSSSTADT, WENN WIR OFFEN UND EHRLICH MITEINANDER REDEN, VERSTEHEN WIR EINANDER.

NA JA, SCHON, ABER...

ABER SIE HABEN DOCH GESAGT, SIE HÄTTEN KEINE AHNUNG.

DAS IST MEINE HERANGEHENSWEISE UND DAMIT LAG ICH NOCH NIE FALSCH.

O...

OKAY ...

GRR

* JAPANISCHES FAST FOOD, EINE SCHALE REIS MIT DÜNN GESCHNITTENEM RINDFLEISCH, DAS IN EINER SÜSSLICHEN SAUCE MIT ZWIEBELN GEKOCHT WIRD

WAMM

WAMM

IHR MÜSST IRGEND'NEN SCHLAG-KRÄFTIGEN BEWEIS GEFUNDEN HABEN...

SONST WÜRDET IHR DOCH NICHT SO SCHNELL ABHAUEN.

SST

ABER DASS UNS AUSGERECH-NET EIN PAAR DETEKTIVE WIE IHR AUF DIE SPUR KOM-MEN...

WIR HABEN DIE BOMBE HOCHGEHEN LASSEN! SIE SOLLTE EIN MITGLIED EINER ANDEREN GANG AUS DEM WESTEN ER-LEDIGEN.

ACH, SO WAR DAS! DASS IHR EUCH EXTRA DIE MÜHE MACHT, UNS ZU FOLGEN, UM UNS DIE WAHRHEIT ZU SAGEN...

...FREUT MICH TOTAL!

BWAHAHA

IHR WOLLT UNS AN DIE BULLEN VERPFEIFEN, ODER?

DAS KÖNNT IHR KNICKEN!

SPINS

... HÄ?

SO LÄUFT DAS ALSO...

...HABEN DIE TÄTER GESTANDEN, UND NUN SCHON WIEDER!

IN SÄMTLICHEN FÄLLEN, DENEN ICH NACHGEGANGEN BIN...

HAB ICH'S NICHT GESAGT? WENN MAN OFFEN UND EHRLICH MITEINANDER IST, VERSTEHT MAN SICH!

WACK

!

SWAMM

WAS GENAU MACH ICH HIER EIGENT-LICH?!

PLÖTZLICH BIN ICH VON GEGNERN UMZINGELT! VERDAMMT...

WAH!

GRINS

ERST DER EINE...

SELBST DEM REGEN TROTZEN

UND DEM WIND...

AUCH DEN EI- SENSTAN- GEN... UND DEN MESSERN

UND DEN BASEBALL- SCHLÄGERN

MIT EINEM GESUNDEN KÖRPER

OHNE
BEGIERDE
NIEMALS
WÜTEND
WERDEN

IMMER
SANFT
LÄCHELND

SO EIN
MENSCH
...*

*IN ANLEHNUNG AN „AME NI MO MAKEZU", EIN BERÜHMTES GEDICHT VON KENJI MIYAZAWA

Gut, dass du es selbst gemerkt hast.

ICH KANN DAS NICHT! AUF KEINEN FALL!

KUNI-KIDA!

ABER ER HAT SIE NICHT IMMER, SONDERN NUR, WENN ER EINEN LEEREN MAGEN HAT.

Was? Und wenn er satt ist?

KENJI IST EIN BEFÄHIGTER MIT ÜBERNATÜRLICHER STÄRKE.

MORGEN HAU ICH HIER WIEDER AB.

WÄHRENDDESSEN MACHT DAZAI...

CHRPUZ

...BLÄU.

DANN SCHLÄFT ER.

BUNGO
Stray Dogs

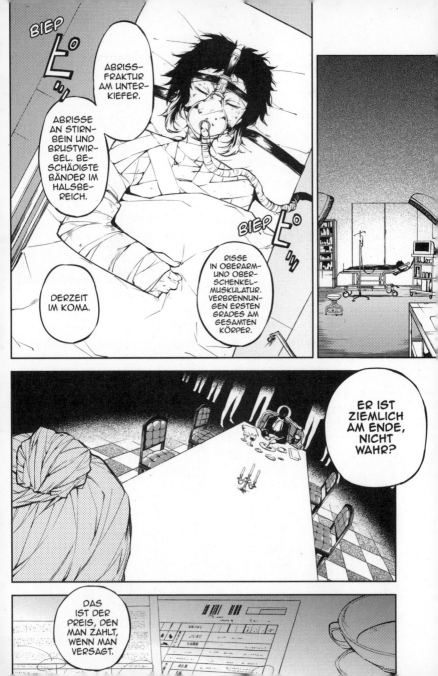

KAPITEL 14

SWUPP

ER WIRD VIELLEICHT NIE WIEDER ZU BE- WUSSTSEIN KOMMEN.

ES TUT MIR LEID.

WAS ?!

LASS DEN KOPF NICHT HÄNGEN.

IHR HABT ALLES GEGE- BEN.

SST

...

JA, DU HAST BEIM ANGRIFF AUF DAS DETEKTIV-BÜRO VERSAGT.

UND BEIM FANGEN DES MEN-SCHEN-TIGERS FEHLER GE-MACHT.

SOWIE DEN FRACHTER MITSAMT LADUNG ZUM SINKEN GE-BRACHT.

ABER DU HAST ALLES GEGEBEN!

KÖNNTE SEIN, DASS SIE SICH AN IHM RÄCHEN WOLLEN.

!

... HEISST „KARMA TRANSIT". SIE VER-SAMMELT GERADE IHRE ÜBRIG GEBLIE-BENEN LEUTE.

DIE SCHMUGGLER-FIRMA, DIE AKUTAGAWA PLATTGE-MACHT HAT ...

TOCK TOCK

...

ALLES GEBEN, DAS IST DIE HAUPT-SACHE. DAS ER-GEBNIS IST ZWEITRAN-GIG.

NICHT WAHR?

...

ACH JA.

IM GRUNDE IST DIE MAFIA EIN WIRTSCHAFTSKÖRPER, DESSEN WÄHRUNG GEWALT IST.

ES IST EGAL, WER ODER WAS GESUNKEN IST ODER UMGEBRACHT WURDE.

ABER ...

PASS AUF, HIGUCHI.

ZACK

ZPP

... WENN UNS DIE GEWALT ZURÜCKGEZAHLT WIRD...

... WERDEN AUS AUSGABEN SCHULDEN.

GÄÄÄHN

SEINE GEWALTTÄTIGKEIT IST SELBST FÜR MAFIAVERHÄLTNISSE HERAUSRAGEND.

JA, DAS STIMMT. ER HAT AUSGEZEICHNETE LEISTUNGEN ERBRACHT.

WIE KÖNNEN DAS SCHULDEN SEIN?

MEISTER AKUTAGAWA HAT BISHER SO VIELE ERFOLGE ERZIELT.

UND WAS IST MIT DIR?

...

HIGUCHI.

HAST DU DICH ...

... JEMALS GEFRAGT, OB DIESER JOB DER RICHTIGE FÜR DICH IST?

PSCHHH

SQUI

!!

DIE „SCHWAR-ZEN ECH-SEN"...

SSST

SCHLUSS MIT DEN TROCKEN-ÜBUNGEN!

GIN.

SICH IRGENDWO EINSCHMUGGELN ODER EIN MORD AUS DEM HINTERHALT? KLINGT NACH EINEM AUFTRAG FÜR GIN. DER DRECKSACK FÜR ALLES.

JEMANDEM AUS DER FAMILIE DEN HALS AUFZUSCHLITZEN GEHÖRT AUCH DAZU...

HAT DER BOSS ...

... EUCH BEAUFTRAGT, MICH UMZULEGEN?

SWISH

WÜRDE ER ES ERNST MEINEN, HÄTTEST DU NICHT MAL ZEIT, DICH ZU ERSCHRECKEN.

NOCH NICHT.

ABER WER WEISS, WAS MORGEN IST.

...WÜRDE ICH MIR EINEN PLAN ZURECHT-LEGEN, BEVOR DIE AUFTRAGS-KILLER AN DEINE TÜR KLOPFEN.

WIR SIND HIER, UM DICH ZU WARNEN.

AN DEINER STELLE...

WAS WOLLT IHR DANN VON MIR?

DIE OBRIGKEITEN SIND NICHT DIE EINZIGEN, DIE DEINEN KOPF WOLLEN.

UND WIR RES-PEKTIEREN EUCH, ABER NICHT DES-WEGEN.

IHR HABT DIE BEFUG-NIS, UNS, DER MILITANTEN FRAKTION, BEFEHLE ZU ERTEILEN, SEID SOZUSAGEN UNSERE VOR-GESETZTEN.

DU UND AKUTAGAWA, IHR SEID DAS ÜBER-FALLKOM-MANDO, DAS DIREKT DEM BOSS UNTER-STELLT IST.

SON-
DERN
AUS
FURCHT
UND
VEREH-
RUNG
...

... VOR
AKUTA-
GAWAS
FÄHIG-
KEITEN.

HI-
GUCHI.

... HAST
DU UNS
ETWAS ZU
BIETEN, WES-
HALB WIR DIR
GEHORCHEN
SOLLTEN?

JETZT,
DA AKU-
TAGAWA
AUSSER
GEFECHT
IST...

SSST

ICH
BRAUCH
DEINE
HILFE
NICHT.

PUH!

ZU HAUSE ...

BWOFF

HAST DU DICH JEMALS GEFRAGT ...

... OB DIESER JOB DER RICHTIGE FÜR DICH IST?

NATÜRLICH IST ER ES... NICHT...

BIEP

BIEP

BATAMM

...

KATSCHACK

ZUPP

RITSCH

WAS IST LOS?!

BIEP BIEP
BIEP
BIEP

ZACK

ÜBERLEG'S DIR GUT!

DU WIDERSETZT DICH DAMIT DEN ANWEISUNGEN VON OBEN.

BIEP

BIEP

SST

KATSCHACK

EY, ERNSTHAFT? DAS IST DOCH SELBSTMORD!

DIE SIND DIR NICHT NUR REIN ZAHLENMÄSSIG ÜBERLEGEN, SONDERN HABEN AUCH WAFFEN OHNE ENDE!

DIE TYPEN, DIE AKUTAGAWA ENTFÜHRT HABEN, SIND AUSLÄNDISCHE SÖLDNER, DIE VON DEN ÜBERBLEIBSELN VON „KARMA TRANSIT" BEAUFTRAGT WURDEN.

WOMM

HCHH

HCHH

HALT DIE FÜSSE STILL!

DER BOSS WIRD UNS SCHON ANWEISUNG GEBEN, WIE WIR IHN BEFREIEN SOLLEN.

ZACK

ES WIRD KEINE ANWEISUNG GEBEN.

WÜRDE MAN DIE GESAMTE MAFIA ZUM GEGENANGRIFF AUF EINE SCHMUGGLER-BANDE AUFRUFEN, DIE EIN PERSÖNLICHES PROBLEM MIT MEISTER AKUTAGAWA HAT...

... WÜRDE DAS ZU EINEM RIESIGEN KONFLIKT FÜHREN.

UM DIES ZU VERMEIDEN, HABEN DIE OBERSTEN VOR, DAS GANZE ALS EINE STREITEREI ZWISCHEN EINZELNEN MITGLIEDERN ZU VERBUCHEN UND SICH RAUSZU-HALTEN.

ABER WAS WILLST DU ALLEINE SCHON AUSRICH-TEN?

UND DAS AUF KOSTEN MEISTER AKUTA-GAWAS...

NICHTS. GAR NICHTS.

AN DEINER STELLE WÜRDE ICH MIR EINEN PLAN ZURECHTLEGEN, BEVOR DIE AUFTRAGSKILLER AN DIE TÜR KLOPFEN.

DIESER JOB IST NICHTS FÜR MICH.

MEINE UNTERGEBENEN HABEN KEINEN RESPEKT VOR MIR.

ES IST NICHT EINFACH, DIE MAFIA ZU VERLASSEN. ABER AUCH NICHT UNMÖGLICH, WAS EINZELNE BEISPIELE BEWEISEN.

ICH HABE UNZÄHLIGE MALE DARÜBER NACHGEDACHT...

... UND ES TROTZDEM NICHT GETAN.

ZITTER...

ZITTER

66

UH
...

WAS ZUM...

TÖTET ALLE, DIE IHR NICHT KENNT!

BLAMM

BLAMM

SLISH

BLAMM

LEICHT-SINN IST DAS PRI-VILEG DER JUGEND.

WOPP

SEID NACH-SICHTIG MIT IHR.

BLAMM

DU BIST SCHLIESS-LICH UNSERE VORGE-SETZTE.

DIE SCHWAR-ZEN ECHSEN! WIESO...

AUCH ICH MUSSTE ERST LERNEN.

WOMM

DAS WAR'S DANN WOHL.

UND WENN UNSERE VORGE-SETZTE IN GEFAHR IST...

... SITZEN WIR NICHT RUM UND DREHEN DÄUM-CHEN.

UH...

... HI-
GUCHI.

MEISTER
AKUTA-
GAWA!

KLONK

SCHWANK

LAS-
SEN
SIE
MICH...

... DAS
BLUT
...

ZUCK

ES IST NICHT UN-MÖGLICH, DIE MAFIA ZU VER-LASSEN.

UND TROTZ-DEM HABE ICH ES NICHT GETAN...

RYURO HIROTSU

FÄHIGKEIT: „DIE GEFALLENE KAMELIE"

DINGE, DIE ER MIT SEINEN FINGERSPITZEN
BERÜHRT, FLIEGEN SOFORT MIT GROSSER
KRAFT IN DIE ENTGEGENGESETZTE
RICHTUNG.

ALTER:	50 JAHRE
GEBURTSTAG:	15. JULI
GRÖSSE:	1,78 M
GEWICHT:	66 KG
BLUTGRUPPE:	A
ER MAG:	ZIGARETTEN
ER MAG NICHT:	DIE GESELLSCHAFT

BUNGO
Stray Dogs

GUTEN MORGEN.

KAPITEL 15:
UNAUFHÖRLICH WIRFT ES UNS ZURÜCK
IN DIE VERGANGENHEIT (TEIL 1)

TJA, WIR HATTEN NICHT GENUG ZIMMER.

HAFF HAFF HAFF

WARUM HABT IHR MIR NICHT ERZÄHLT, DASS SIE BEI MIR EIN- ZIEHT?!

AUS- SERDEM KÖNNT IHR BEIDEN NEUEN EUCH SO DIE MIETE TEILEN. DAS SCHONT DEN GELD- BEUTEL!

ABER ...

STARR

VER- STEHST DU'S DENN IMMER NOCH NICHT, ATSUSHI?

SIE HAT IMMERHIN AUCH ZU- GESTIMMT.

WAR EINE ANWEI- SUNG.

NICHT WAHR?

FLÜSTER

SIE WIRD VON DER MAFIA VERFOLGT UND HAT KEINE VERWANDTEN. DIE KLEINE VERSINKT IM MORAST DER EINSAMKEIT.

ALLEINE ZU WOHNEN IST VIEL ZU GEFÄHRLICH FÜR SIE!

FLÜSTER

UND DIE MAFIA WIRD BESTIMMT AUFTRAGSKILLER AUF SIE ANSETZEN, UM SICH AN IHR ALS VERRÄTERIN ZU RÄCHEN.

FLÜSTER

DU PASST AUF SIE AUF.

DAS IST EIN WICHTIGER JOB!

STIMMT SCHON... IRGENDWIE.

?

PATT

HEY, DAZAI.

VERSTANDEN! IHR KÖNNT EUCH AUF MICH VERLASSEN!

MACH BITTE ZÜGIG DEN BERICHT ZU DEINER ZEIT IM KNAST DER MAFIA FERTIG!

HÄLT IHN ABER AUCH NICHT AUF...

UND SCHON SPIELT DAZAI WIEDER SEINE SPIELCHEN MIT ATSUSHI.

86

D...

DEIN ERNST?

ICH HAB MIR ÜBERLEGT, ICH ZEIG DIR HEUTE MAL, WIE MAN EINEN BERICHT SCHREIBT.

HEY, ATSU-SHI.

ᵖ° TADAA

ICH HAB 'NE IDEE!

KUNIKIDA, LASS UNS SCHNICK SCHNACK SCHNUCK SPIELEN!

DU SCHREIBST DAS DING SELBST.

IMMER-HIN HAT ES AUCH ETWAS MIT DIR ZU TUN.

IM ARCHIV DER MAFIA HABE ICH INTE-RESSANTE KORRES-PONDENZEN GEFUNDEN ...

DU WEISST, WER DAHINTER-STECKT?

ES GEHT UM DIE DRAHTZIEHER, DIE EIN KOPF-GELD AUF DICH AUSGESETZT HABEN.

SSST

GELDGEBER IST DER ANFÜHRER EINER NORDAMERIKANISCHEN BEFÄHIGTENORGANISATION NAMENS „DIE GILDE".

... UND DESHALB NEBEN IHREN ÜBERNATÜRLICHEN FÄHIGKEITEN EINE GEWALTIGE FINANZKRAFT BESITZEN UND AN DIVERSEN STRIPPEN ZIEHEN.

EIN GEHEIMBUND, DESSEN MITGLIEDER WICHTIGE POSTEN IN POLITIK, WIRTSCHAFT UND INNERHALB DES MILITÄRS BEKLEIDEN ...

DIE GIBT ES WIRKLICH? ICH DACHTE, DAS WÄRE NUR EINE LEGENDE.

EINE FREUDE FÜR JEDEN VERSCHWÖRUNGSTHEORETIKER...

DA MÜSSEN WIR SIE WOHL SELBST FRAGEN. WAS ALLERDINGS NICHT GANZ LEICHT WERDEN DÜRFTE.

ABER WENN WIR IHNEN EINE FALLE STELLEN...

JA, GENAU?!

UND WARUM HABEN DIE ES AUF ATSUSHI ABGESEHEN?

ICH BIN SEHR, SEHR GLÜCKLICH, SIE ZU TREFFEN.

WOMM

FUKU-ZAWA.

PRÄSIDENT FUKUNA... FUKUDA...

IST ES IN ORDNUNG, DASS MEIN HELIKOPTER AUF DER STRASSE STEHT?

ICH BIN ES NICHT GEWOHNT, DASS ES KEINEN HUBSCHRAUBERLANDEPLATZ GIBT...

ÜBRIGENS...

GENAU DER.

SCHNIPP

SIE HABEN EINEN LANGEN WEG AUF SICH GENOMMEN, UM HERZUKOMMEN.

WIE KÖNNEN WIR IHNEN HELFEN?

カチッ
カチャッ
KLAPPER

PÄH

DAS IST VOM GESCHIRRLADEN SHIMOMURA UM DIE ECKE.

WAS IST DAS FÜR EINE MARKE? ROYAL FRANCONIA? ODER EL ZELGA?

HLI

ACH SO. MEIN FEHLER.

OH, EIN SELTENES DESIGN. ICH HATTE MICH EIGENTLICH ALS PORZELLANKENNER VERORTET.

SST
ス

ZU MEINEM BESITZ GEHÖREN DREI UNTERNEHMEN UND FÜNF HOTELS...

... DES WEITEREN EINE FLUGLINIE UND EIN EISENBAHNUNTER...

MEIN NAME IST F. SCOTT FITZGERALD.

WERTER HERR FITZGERALD...

ICH FÜHRE IN AMERIKA EINE ORGANISATION NAMENS „DIE GILDE" AN.

MIR IST ZU OHREN GEKOMMEN, DASS SIE MIT EINEM KOPFGELD DIE MAFIA DAZU VERLEITET HABEN, UNS ANZUGREIFEN.

STIMMT DAS?

* ANREDE, DIE JAY GATSBY AUS FITZGERALDS ROMAN „THE GREAT GATSBY" GERNE VERWENDET

SWUPP

ZUR WIEDERGUTMACHUNG MÖCHTE ICH IHNEN EIN SEHR GUTES ANGEBOT MACHEN.

SCHNIPP

OHH! DAS WAR EIN VERSEHEN, OLD SPORT*!

MIR WAR NICHT KLAR, DASS DIE HIESIGE UNTERGRUNDORGANISATION SO INKOMPETENT IST!

GRINS

ICH KÖNNTE MIR ALLE GRUND-STÜCKE UND FIRMEN, DIE SIE VON HIER AUS SEHEN, LEISTEN.

VER-STEHEN SIE MICH NICHT FALSCH.

TATSÄCHLICH INTERESSIEREN MICH WEDER DIESES GEBÄUDE NOCH IHRE MITARBEITER.

VER-STEHE.

ES GEHT MIR NUR UM EINES.

GE-NAU.

GEBEN SIE MIR IHRE BEFÄHIG-TENGE-SCHÄFTS-LIZENZ.

... BENÖTIGT SIE EINE LIZENZ, DIE VON EINER SPEZIAL-ABTEILUNG DES INNENMINISTE-RIUMS AUSGESTELLT WIRD.

WENN EINE GRUPPE BEFÄHIGTER IN DIESEM LAND LEGAL GESCHÄFTE BETREIBEN WILL...

SCHLIESS-LICH SIND WIR EINE GEHEIME ORGANISATION, DIE NACH AUSSEN HIN ÜBERHAUPT NICHT EXISTIERT.

ABER DIESE EIN-FALTSPINSEL LASSEN SICH NICHT MIT GELD BE-STECHEN!

ABGE-LEHNT.

WENN ICH MICH ALSO OFFIZIELL IN DER STADT UMSEHEN WILL, OHNE MIR JEMANDEN ZUM FEIND ZU MACHEN...

... DANN BRAU-CHE ICH DIESE LIZE...

ACH SO?

UND? STEHT ER MIR?

EIN SACK ÜBERM KOPF WÄRE DIE BESSERE WAHL.

ZACK

DU BIST SO EIN SPIEL-VER-DERBER.

PÜH!

MANNO.

DAS WAR NUMMER EINS.

HEY! HABT IHR DIE ZEITUNG SCHON GELE-SEN?!

WAMM

Wir befinden uns jetzt am Tatort. Sehen Sie selbst...

SCHRECK

IST AUCH IM FERN-SEHEN.

Einer Quelle zufolge befand sich in dem verschwundenen Gebäude eine Tarnfirma der Port Mafia.

… hier ist über Nacht ein siebenstöckiges Gebäude verschwunden!

Anderen Berichten nach arbeiteten hier Mitglieder der Mafia.

DAS IST ALSO SEINE NACHRICHT.

KNULL

… und hat bereits die Militärpolizei um Mithilfe gebeten.

Die Polizei vermutet, dass es sich um den Angriff einer gegnerischen Organisation handelt…

ER WILL OFFENBAR SOWOHL DIE UNKOOPERATIVEN DETEKTIVE ALS AUCH DIE ÜBERFLÜSSIG GEWORDENE MAFIA LOSWERDEN…

…

IM WOHNHEIM WAR KENJI ÜBRIGENS AUCH NICHT.

VON JETZT AN GEHT NIEMAND MEHR ALLEINE LOS! SCHNAPP DIR ATSUSHI UND SUCHT NACH KENJI.

TANI-ZAWA!

DAZAI UND ICH BESPRECHEN UNS JETZT MIT DEM CHEF.

BWAA

WENN IHR AUF GEGNER TREFFT, KÄMPFT NICHT, SONDERN LAUFT!

SO EINE ANSPANNUNG HAB ICH IM BÜRO NOCH NIE ERLEBT.

NÖ! ICH WILL AUCH BEI DEN ERMITT-LUNGEN HELFEN!

AUSSERDEM SOLLTE ICH IN SO EINER SITU-ATION NICHT VON DIR GETRENNT SEIN.

NAOMI.

GEH LIEBER WIEDER ZURÜCK INS BÜRO.

WAS?

ÄH, NA JA, ALSO...

STIMMT DOCH, ODER, ATSUSHI?

IM BÜRO IST ES GENAUSO GEFÄHRLICH. DU HAST SCHLIESSLICH GESEHEN, DASS EIN GANZES GE-BÄUDE VER-SCHWIN-DEN KANN.

DAS IST ZU GEFÄHR-LICH!

DU HAST GESAGT, DASS DU ALLES TUST, WAS ICH WILL!

DAS IST GE-MEIN!

SCHRECK

AT-SUSHI.

ANDERS ALS DU HAT MEINE KLEINE SCHWESTER KEINE ÜBER-NATÜRLICHEN FÄHIGKEITEN. SIE BEHIN-DERT UNS NUR BEI DER ARBEIT.

HAH!

DA...

DAS WAR GESTERN ABEND. UND NUR, WEIL DU MICH GE-ZWUNGEN HAST...

... IST JA AUCH EGAL...

?

SIEHSTE...

... GEHST DU JETZT ZURÜCK INS BÜRO!

A...

AUF JEDEN FALL...

BWOSGH

OHOOO.

SOLL ICH DICH ETWA DRAN ERINNERN, UM WAS DU MICH GESTERN ANGEFLEHT HAST?

DING

KOMM RAUS, BITTE. WO BIST DU, ELISE?

GAR NICHT GUT.

GEBT MIR NAOMI ZU-RÜCK!

TANI-ZAKI!

WO SEID IHR?! SCHEISSE!

WAH!

AUS DEM WEG!

WOMM

ALLES IN ORD-NUNG?

AUTSCH...

HAB ICH DICH!

WOSCH

PLAPPER PLAPPER PLAPPER PLAPPER

ALSO AN EURER STELLE WÜRDE MIR DAS HERZ BIS ZUM HALS SCHLAGEN!

SO URPLÖTZLICH AN EINEM VÖLLIG UNBE-KANNTEN ORT ZU SEIN...

ABER DA MUSS ICH DURCH! ICH WILL ES EUCH SCHLIESSLICH ERKLÄREN.

DENN DAS HIER IST BESTIMMT ZIEMLICH VER-WIRREND FÜR EUCH, NEIN, TOTAL VER-WIRREND.

WO IST NAOMI?

...HINTER DIESER TÜR.

DIE VER-SCHWIN-DENEN DAMEN UND HERREN SIND...

OH, SORRY. OKAY, DANN ERKLÄR ICH DAS ZUERST.

LUCY MAUD MONTGOMERY*
BESONDERE FÄHIGKEIT: „ANNE MIT
DEN ABGRUNDTIEFROTEN HAAREN"***

* KANADISCHE AUTORIN (1874–1942)
** ANSPIELUNG AUF IHREN BERÜHMTEN ROMAN „ANNE OF GREEN GABLES", AUCH BEKANNT ALS „ANNE MIT DEN ROTEN HAAREN"

WAAAAAAAAH

KRICK

ANNE LIEBT ES ZU SPIE-LEN.

UWAAH...

KRACK

KRICK

WAAAAAAAAAAAH!

ACH...

UND NOCH WAS: WENN IHR DURCH DIESE TÜR GEHT, VERGESST IHR ALLES, WAS IN DIESEM ZIMMER PASSIERT IST!

OKAY?

SIE IST VIELLEICHT EIN BISS-CHEN VERZO-GEN, ABER EIN GANZ TOLLES KIND!

ZING

KRACK

SEID NUR IHR DREI ÜBRIG-GEBLIEBEN?

NEIN, LEIDER NICHT.

UNFASS-BAR SÜSS. HAST DU SIE VIELLEICHT IRGENDWO GESEHEN?

zück

ICH SUCHE EIN KLEINES MÄD-CHEN.

FLÜSTER

HIER IST ES GEFÄHR-LICH. SIE SOLLTEN LIEBER AB-HAUEN.

ICH BIN MIT DEN NERVEN VÖLLIG AM ENDE, WEIL ICH SIE VERLOREN HABE...

N...NA JA MEISTENS JEDEN-FALLS...

BEB

SIE HEISST ELISE. UND SIE IST WIRKLICH EIN ENGEL..., MAN MUSS SIE EINFACH LIEBEN.

DES- WEGEN BLEIBE ICH.

WAHR- SCHEINLICH BEFINDET SIE SICH AUCH HINTER DIE- SER TÜR.

FALLS DAS SO IST...

... WÜRDE ICH ES EIN LEBEN LANG BEREUEN, WENN ICH JETZT GINGE.

... NA GUT.

DIE REGELN SIND GANZ LEICHT!

IHR SPIELT MIT ANNE FANGEN.

WENN SIE EUCH FÄNGT...

... HABT IHR VER- LOREN.

SCHIMMER

WENN IHR ES SCHAFFT, DIE TÜR MIT DIESEM SCHLÜSSEL ZU ÖFFNEN, BEVOR SIE EUCH FÄNGT...

... HABT IHR GE-WONNEN.

UND DIE GEISELN WERDEN FREIGE-LASSEN.

WER MACHT MIT?

ALSO.

BWAAAH

ABER SELBST-VER-STÄND-LICH!

ZU MEHREREN MACHT ES DOCH VIEL MEHR SPASS!

FWUSCH

KÖNNEN WIR ALLE GLEICH-ZEITIG STAR-TEN?

...KANN SIE UNS NICHT SCHNAP- PEN!

WENN TANIZA- KI SEINEN "FEINEN SCHNEE" PROJI- ZIERT...

„DAS SOLLTEN WIR GE- WINNEN KÖNNEN!

SEID IHR BE- REIT?

NOCH EINE LETZTE ANSAGE.

IN DIESEM ZIMMER IST GEWALT VERBO- TEN.

IHR DÜRFT NICHTS BESCHÄDI- GEN ODER ZERSTÖ- REN.

JA.

ZACK

FWOSCH

WUSCH

DEN ERSTEN HAB ICH SCHON! ★

WAH...!

DAS GING VIEL ZU SCHNELL!

KENJI MIYAZAWA

BESONDERE FÄHIGKEIT: SELBST DEM REGEN TROTZEN

WENN ER HUNGRIG IST, ENTWICKELT KENJI ÜBERMENSCHLICHE KRÄFTE UND EINE UNGLAUBLICHE WIDER-STANDSFÄHIGKEIT.

ALTER:	14 JAHRE
GEBURTSTAG:	27. AUGUST
GRÖSSE:	1,58 M
GEWICHT:	53 KG
BLUTGRUPPE:	0
ER MAG:	MUSIK, TEMPURA, SOBA, MITSUYA CIDER*
ER MAG NICHT:	ARMUT

* JAPANISCHE LIMONADE, ÄHNLICH WIE SPRIT

BUNGO
Stray Dogs

KAPITEL 16:
UNAUFHÖRLICH WIRFT ES UNS
ZURÜCK IN DIE VERGANGENHEIT (TEIL 2)

WIE SCHÖN, ANNE!

KRICK

UND NOCH EIN FREUND MEHR!

KRACK

!

GLUBSCH

NA DANN...

WAS? DU WILLST NOCH MEHR?

DASH

WAS DIE GESCHWIN- DIGKEIT ANGEHT, IST SIE AKU- TAGAWA EBENBÜRTIG, WENN NICHT ÜBERLEGEN.

WENN ICH NUR EINEN KURZEN MOMENT UNACHTSAM BIN, HAT SIE MICH!

WOOO

WOW! DU BEWEGST DICH WIE EIN AK- ROBAT!

ICH WILL MEHR DAVON SEHEN!

DEINE FÄHIGKEIT IST RICHTIG SUPER... UND VOLL PRAK- TISCH!

SO WAS PASSIERT NICHT EIN- FACH SO...

ICH BIN AUCH IN EINEM WAISENHAUS AUFGE- WACHSEN. DORT WAR ES FÜRCH- TERLICH KALT.

...

ICH MUSSTE GANZE TAGE LANG MIT EIS- KALTEM WASSER PUTZEN UND MEINE HÄNDE SCHMERZTEN NOCH LANGE DANACH.

DU WARST EIN WAI- SENKIND, ODER?

ALLE FANDEN MICH EKLIG ODER GRUSELIG.

GIGIGIGI!

UND DANN MEINE MERKWÜRDIGE FÄHIGKEIT...

WIE WUNDERVOLL!

DAS LAG SICHER AUCH AN DEINER TOLLEN FÄHIGKEIT.

... HABEN DIE DETEKTIVE FIEBERHAFT NACH DIR GESUCHT.

ALS DU ENTFÜHRT WURDEST...

DRUCK

ABER DIE GILDE ERLAUBT KEINE FEHLER. WENN ICH DIESE MISSION VERPFUSCHE...

NA JA...

KANNST DU DIR DAS VORSTELLEN?

UND BIN WIEDER GANZ ALLEINE.

... WERDE ICH ENTSORGT WIE 'NE DRECKIGE PAPIERSERVIETTE.

IMMERHIN HAT MICH MEINE IN DIE GILDE GEBRACHT.

WARUM NICHT ICH?

HEY... WARUM EIGENTLICH DU?

ICH WILL, DASS DU WEISST, WIE SICH DAS ANFÜHLT.

DAS IST UNFAIR.

TOCK

DIESES ZIMMER IST DEIN SCHICKSAL!

FWUSCH

LANGSAM SOLLTE ICH ZUSEHEN, DASS ICH DEN SCHLÜSSEL IN DIESE TÜR BEKOMME!

HRG!

GWOSCH

GRAPP

POLTER

POLTER

POLTER

WOSCH

!

WAS DEINE ERZIEHER WOHL DAZU SAGEN WÜRDEN ...

NA SOWAS.

SST.

HEHEHEHE

HEHEHEHEHE

BWOOOOOO

... WENN SIE WÜSSTEN, WIE DU MIT DIESEM SCHLÜSSEL UMGEHST?!

STIMMT.

WENN DU ES SCHAFFST, SIE AUFZUMACHEN.

ICH DACHTE, ICH GEWINNE, WENN ICH DIE TÜR MIT DEM SCHLÜSSEL AUFMACHE?!

ÜBER KURZ ODER LANG WIRD SIE MICH SCHNAPPEN.

ICH KANN NICHTS ... ...MACHEN.

MIR...

ICH KANN DAS BLATT NICHT WENDEN!

...BLEIBT KEINE ANDERE WAHL. ICH MUSS DAZAI UND DIE ANDEREN UM HILFE BITTEN!

...FÜR IHN IST DAS EIN KLACKS.

DAZAI WIRD ETWAS EINFALLEN...

ABER ICH KANN DAS NICHT.

WILLST DU ETWA ABHAUEN UND DEINE FREUNDE HÄNGENLASSEN?!

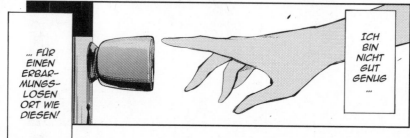

...FÜR EINEN ERBARMUNGSLOSEN ORT WIE DIESEN!

ICH BIN NICHT GUT GENUG...

144

VERDUTZT

SCHLÜTTER

URG!

... OB DU DEN WORTEN EINES UNBEDEUTENDEN ARZTES WIE MIR GLAUBEN SCHENKEN MAGST.

KEINE AHNUNG ...

ICH RATE DIR DAVON AB, VOR DIESER SITUATION WEGZULAUFEN.

HUST

ICH SAG DIR JETZT MAL WAS.

SST

DAMIT WÄRST DU NICHT NUR VON DEINEM FEIND AUSGETRICKST WORDEN, SONDERN HÄTTEST AUCH VERGESSEN, DASS DEINE FREUNDE IN GEFAHR SCHWEBEN.

UND SIE KÖNNTE IHRE ATTACKEN EINFACH FORTSETZEN.

ABER WENN ES STIMMT, WAS SIE SAGT, DANN VERLIERST DU DEINE ERINNERUNG, SOBALD DU DEN RAUM VERLÄSST.

KRASCH

WOSCH

NA, IHR SEID DOCH AUCH ZU ZWEIT, ODER?!

NOCH EINE?!

FWUSCH

BADOMM

BWOOOOOOO

JUHUUU

DAS WAR'S! ★

SO!

DU BIST HIER SCHLIESS- LICH ZUFÄLLIG REINGERUTSCHT. WAS SOLL ICH MIT EINEM ABGERISSENEN TYPEN MITT- LEREN ALTERS ANFANGEN?

PLAPPER

PLAPPER

PLAPPER

ALS DAN- KESCHÖN KÖNNTE ICH DICH FREI- LASSEN.

DANK DIR IST DER MENSCHEN- TIGER HIER- GEBLIEBEN.

PLAPPER

UND WAS MACHEN WIR NUN MIT DIR?

FITZ- GERALD SÄHE DAS SICHER GENAUSO.

ANDERER- SEITS...

PLAPPER

... DEIN VERZWEI- FELTES GESICHT SEHEN, WENN ANNE DICH SCHNAPPT.

WÜRDE ICH SEHR GERNE ...

PLAPPER

WUSCH

?!

SCHRECK

WAS?
WAS IST
DAS?

MEINE
BEINE
ZITTERN
SO SEHR,
DASS
ICH MICH
NICHT
BEWEGEN
KANN.

ABER...

SEH
ICH DA
MORDLUST...
IN SEINEN
AUGEN?

VER-
SUCH'S
DOCH!

AUCH ANNE KANN SICH NICHT MEHR BE— WEGEN.

SCHAU GENAU HIN!

SST

VERGISS ES.

DU HAST SCHON VERLO- REN.

FWUSCH

DIE TÜR WAR DEFINITIV ZU!

WAS? ABER WIESO ...?

DU HAST ETWAS ÜBERSEHEN.

WIR HABEN VON ANFANG AN ZUSAMMEN GEGEN DICH GEKÄMPFT!

IN DEM MOMENT, IN DEM SICH DIE TÜR ÖFFNETE...

... SCHUF TANIZAKI MIT SEINEM „FEINEN SCHNEE" DAS BILD EINER GESCHLOSSENEN TÜR.

DAS IST UNMÖGLICH!

WIE KONNTEST DU DICH DAGEGEN WEHREN, IN DEN RAUM GEZOGEN ZU WERDEN?

UNGLAUBLICH...

UND DESHALB WEISS ICH, WIE ES IST, NEIDISCH UND WÜTEND AUF ANDERE ZU SEIN.

MAN KÖNNTE MEINEN, AUF MEINEM LEBEN LASTET EIN FLUCH.

ICH BIN WEDER STARK NOCH BELIEBT.

DU IRRST DICH.

ICH HABE DIR DAS BAND UMGEBUNDEN...

... ALS ICH IN DEN ANDEREN RAUM GEZOGEN WURDE.

WAS ?!

ZERR

AH ....!

ODER ...

... ES ERGEHT DIR WIE IHNEN.

LASS MICH LOS!

HAH!

GIB DIE GEFANGENEN FREI!

ZACK

ABER... WAS?!

HAB ICH RECHT?

UND OHNE DEINE FÄHIGKEIT BIST DU NICHT MEHR IN DER LAGE, IN DIE ANDERE WELT ZURÜCK-KEHREN.

OHNE SCHLÜS-SEL LÄSST SICH DIE TÜR NICHT ÖFFNEN.

DAS HEISST, WENN AUCH DU EINGE-SPERRT BIST...

... GIBT ES NIEMANDEN MEHR, DER DIE TÜR ÖFFNEN KANN.

DAS...

HAH

WENN ES IRGEND-ETWAS GIBT, DAS ICH...

TUT MIR LEID.

DASH

ZUCK

AAAAAH!
ELISE!
DA BIST
DU JA...

...

ICH HAB MIR SOLCHE SORGEN GEMACHT. PLÖTZLICH WARST DU WEG!

PUUUUH

ES GEHT DIR GUT! WO WARST DU DENN BLOSS?

* DER EIGENTLICHE VORNAME DES SCHRIFTSTELLERS ŌGAI MORI

ICH HÄTTE SOGAR FAST GEWEINT!

UND GENAU DAS WOLLTE ICH, RINTARŌ*.

SCHNIEF

TRIPPEL

DAS IST NICHT NETT, ELISE!

WLIPP

ICH WOLLTE DICH ZUM WEINEN BRINGEN.

DODOMM

166

ABER WIE KÖNNTE ICH DIR BÖSE SEIN!

TADAAA

TAPP TAPP TAPP

KYOKA!

WAH!

WOFF

BIST DU GE-KOMMEN, UM MICH ABZUHO-LEN?

...
ICH HAB MIR SORGEN GEMACHT.

DANKE.

VIELEN DANK FÜR IHREN RAT-SCHLAG!

SIND SIE WIRKLICH ARZT?

...
VERAB-SCHIE-DEN UNS DANN MAL.

WIR ...

JETZT BIN ICH NUR EIN ABGERIS-SENER TYP MITTLEREN ALTERS, DER KLEINE GESCHÄFTE ABWI-CKELT.

FRÜ-HER MAL.

DAS DARFST DU NIE VERGESSEN.

EGAL WIE VERZWEIFELT DU BIST.

WIE KOMPLIZIERT DIE LAGE AUCH IST, ES GIBT IMMER EINEN AUSWEG.

JUNGE.

KYOKA, WAS IST?

WOMMS

IMMER.

IN ORDNUNG, ICH WERDE DIE AUGEN OFFENHALTEN.

DAS HAT SPASS GEMACHT.

TAP コツ

TAP コツ

DU BIST GE-MEIN!

IN DEINEM ALTER? UNMÖG-LICH.

MEIN KIND-LICHES GEMÜT IST ZU-RÜCKGE-KEHRT.

ICH HABE LUST, ES MIT DEM FEIND AUFZU-NEHMEN!

HAHAHA

ICH HABE SCHLIESS-LICH AUCH GEFÜHLE ...

WAR ES
JEMAND AUS
DER GILDE?

JA.

WIR STECKEN IN EINER ZIEMLICH VERFLIXTEN LAGE.

ERST DIE DETEKTIVE, DANN DIE GILDE...

ABER ICH WERDE SIE KRIEGEN.

TAP

...

WUSCH

DIE GILDE ...

... UND DIE DE-TEKTIVE!

ZOONG

ÔGAI MORI*, ANFÜHRER DER PORT MAFIA GEBOREN ALS RINTARÔ MORI BESONDERE FÄHIGKEIT: „VITA SEXUALIS"**

* JAPANISCHER SCHRIFTSTELLER (1862-1922).
** BEKANNTES WERK MORIS ÜBER SEINE SEXUELLE SOZIALISIERUNG, DAS IM DAMALIGEN JAPAN EINEN SKANDAL AUSLÖSTE.

GETÖTET WERDEN!

FEINDLICHE PERSONEN MÜSSEN RICHTIG GETROFFEN UND...

FORTSETZUNG FOLGT...

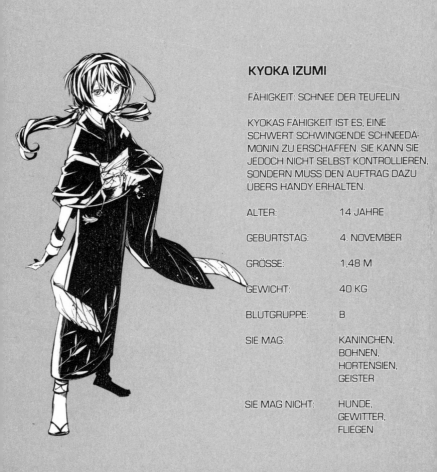

KYOKA IZUMI

FÄHIGKEIT: SCHNEE DER TEUFELIN

KYOKAS FÄHIGKEIT IST ES, EINE
SCHWERT SCHWINGENDE SCHNEEDÄ-
MONIN ZU ERSCHAFFEN. SIE KANN SIE
JEDOCH NICHT SELBST KONTROLLIEREN,
SONDERN MUSS DEN AUFTRAG DAZU
ÜBERS HANDY ERHALTEN.

ALTER:	14 JAHRE
GEBURTSTAG:	4. NOVEMBER
GRÖSSE:	1,48 M
GEWICHT:	40 KG
BLUTGRUPPE:	B
SIE MAG:	KANINCHEN, BOHNEN, HORTENSIEN, GEISTER
SIE MAG NICHT:	HUNDE, GEWITTER, FLIEGEN

Bungo Stray Dogs 1

Autor: Kafka Asagiri; Zeichner: Sango Harukawa

ER MACHT MIT!

WEHRE DICH NICHT DAGEGEN, DAS IST DER WILLE GOTTES.

HEHEHE... DAZAI!

GRINS

KUNIKIDA, NIMM DAS DOCH NICHT SO ERNST!

ICH WUSSTE GAR NICHT, DASS IHR CHRISTEN SEID!

H... HÄ?!

DADAMM

ENDLICH MAL WAS NEUES...

KUNIKIDA IST ECHT ZU GUT-GLÄUBIG...

GUT GE-SPIELT!

HACH, ES TUT GUT, DASS WIR MAL EINEN RICHTIGEN TSUKKOMI HABEN.

GYAH

KICHER

LACH

Bungo Stray Dogs 2

Autor: Kafka Asagiri; Zeichner: Sango Harukawa

KEINE SORGE. DAS TEAM WIRD DIE SPROSSEN DANACH VERDRÜCKEN.

ABER MIT ESSEN SPIELT MAN NICHT!

KLICK

OH NEIN!

TIPP TIPP

MAG ER DIE NICHT?

AUSSERDEM SCHICKE ICH DAZAI IN RAUEN MENGEN SOJASPROSSEN NACH HAUSE.

DOCH.

HUNDE MAG ER GAR NICHT, ABER ES WÄRE IRGENDWIE GRAUSAM, HUNDE IN EINEN BRIEFKASTEN ZU STOPFEN.

TIPP TIPP

RUMS

KLICK

KEIN WUNDER, DASS RYUNOSUKES HINTERGRÜNDE IMMER SO DÜSTER SIND...

ENTSCHULDIGUNG!

PATSCH

SO HELL MUSS ES HIER NICHT SEIN!

DU VERBRAUCHST ZU VIEL STROM!

Bungo Stray Dogs 3

Autor: Kafka Asagiri; Zeichner: Sango Harukawa

OB DAS NICHT EHER DAS AUS FÜR UNSER HAUSTIER BEDEUTET?

SPANNEND!

ICH BEZWEIFLE JEDOCH, DASS DABEI EINE GERECHTE KOSTEN-TEILUNG ZUSTANDE KOMMT!

HM? DAS HÖRT SICH GUT AN!

DU HAST ECHT IMMER GUTE IDEEN, RANPO!

WAS HALTET IHR DA-VON?

WIR LEGEN ALLE ZUSAMMEN! JEDER TRÄGT SEINEN TEIL DAZU BEI!

AWAH

FREU

STRAHL

FREU

わいの

わいの

DAS NENNT IHR EINEN ANZUG?

HM?

NICHT WIRKLICH.

SCHOCK

HÄ?

HIER DAS RESUL-TAT...

DIESE SINNBE-FREITEN HAND-SCHUHE HAB ICH SCHON MAL IN RANPOS KLAMOT-TENKISTE GESEHEN ...

GRUSE-LIG...

HA HA HA HA HA HA HA HA HA

KUNIKIDA HAT DAS HEMD UND DAMIT DAS EINZIGE NORMALE KLEIDUNGS-STÜCK GEKAUFT.

DIESER MEGALANGE GÜRTEL KOMMT GARANTIERT VON DAZAI, ODER?

BWAMM

BWAMM

Autor: Kafka Asagiri, Zeichner: Sango Harukawa

Fantasy

Kenta Shinohara
WITCH WATCH

Morihito stammt aus einer langen Reihe von Ogern ab, die für ihre übermenschliche Stärke berühmt sind, doch führt ansonsten das Leben eines normalen Teenagers. Bis zu dem Tag, an dem er zum Beschützer seiner ehemaligen Kindheitsfreundin Nico bestimmt wird. Denn diese ist nicht nur eine waschechte Hexe, sondern auch unglaublich tollpatschig! Morihito gibt alles, um seiner neuen Pflicht gerecht zu werden - und zu ignorieren, dass Nico Hals über Kopf in ihn verknallt ist ...

Witch Watch 01
Band 1 ISBN 978-3-7555-0098-8
€ 7,00 [D]

MANGA
漫画

EGMONT

Girls Love

akili
VAMPEERZ

Auf der Trauerfeier für Ichikas Großmutter taucht ein unbekanntes Mädchen auf und stellt sich als Aria vor. Ichika ist hin und weg, denn die Fremde ist nicht nur supersüß, sondern auch extrem stark. Als am Abend ein Einbrecher ins Haus eindringt, schlägt Aria ihn spektakulär in die Flucht! Da macht es auch nichts, dass sie zur Stärkung erstmal zwei Fangzähne in Ichikas Hals schlägt und beginnt, ihr Blut zu trinken...

Beeindruckendes Artwork im Großformat

Vampeerz
Band 1 ISBN 978-3-7704-2874-8
€ 10,00 [D]

MANGA
漫画

www.egmont-manga.de

EGMONT

Fantasy

Adachitoka
NORAGAMI

„Ob im Frühling, Sommer oder Winter – Ich löse deine Probleme!", steht an die Wand der Schultoilette gekritzelt und die verzweifelte Mutsumi wählt die angegebene Telefonnummer. Yato, ein Junge im Jogginganzug erscheint, ohne echten Job oder festen Wohnsitz. Er ist derb, er ist frech und... hält sich für einen Gott!

So ganz weit hergeholt scheint das aber gar nicht zu sein, denn Yato kann jenen bösen Geistern, die zwischen Diesseits und Jenseits umherspuken, ganz gehörig einheizen!

Noragami
Band 1 ISBN 978-3-7704-7944-3
€ 7,50 [D]

EGMONT

SUTOPPU!

Koko wa kono manga no owari dayo.
Hantaigawa kara yomihajimete ne!
Dewa omatase shimashita!
Tanoshii hitotoki wo dozo!

Egmont-Manga-Chiimu

STOPP!

**Das ist der Schluss des Mangas.
Fangt bitte am anderen Ende an!
Und nun genug der Vorrede,
viel Spaß beim Lesen!**

Euer Egmont-Manga-Team

„Bungo Stray Dogs" von Kafka Asagiri und Sango Harukawa
Aus dem Japanischen von Cordelia von Teichmann
Originaltitel: „Bungo Stray Dogs"

Originalausgabe:
BUNGO STRAY DOGS 04
© Kafka ASAGIRI 2014 © Sango HARUKAWA 2014
First published in Japan in 2014 by KADOKAWA CORPORATION, Tokyo.
German translation rights arranged with KADOKAWA CORPORATION, Tokyo
through TOHAN CORPORATION, Tokyo.

Deutschsprachige Ausgabe:
Egmont Manga
verlegt durch Egmont Verlagsgesellschaften mbH,
Ritterstraße 26, 10969 Berlin

5. Auflage 2023

Lektorat: Michael Cheng
Korrektur: Madlen Beret
Koordination: Manuela Rudolph
ISBN 978-3-7704-9564-1

Textbearbeitung: Nina Fehn
Gestaltung: Wolfgang Schütte
Printed in the EU

Unsere Bücher findest Du im Buch- und Fachhandel und auf:
www.egmont-manga.de

EGMONT Shop

www.egmont-shop.de

Die Egmont Verlagsgesellschaften gehören als Teil der Egmont-Gruppe zur
Egmont Foundation – einer gemeinnützigen Stiftung, deren Ziel es ist, die sozialen,
kulturellen und gesundheitlichen Lebensumstände von Kindern und Jugendlichen zu
verbessern. Weitere ausführliche Informationen zur Egmont Foundation unter
www.egmont.com